THÈSE

POUR

LA LICENCE

EN EXÉCUTION DE L'ART. 4, TITRE II, DE LA LOI DU 22 VENTÔSE AN XII,

TOULOUSE

TYPOGRAPHIE DE BONNAL ET GIBRAC

RUE SAINT-ROME, 46.

1855.

A mes Parents.

———

A mes Amis.

ACTE PUBLIC

POUR

LA LICENCE

EN EXÉCUTION DE L'ARTICLE 4, TITRE 2, DE LA LOI DU 22 VENTÔSE, AN XII.

SOUTENU PAR

M. CAMPARDON (Ambroise-Gabriel-Charles),

Né à Lavernose (Haute-Garonne).

———

JUS ROMANUM.

LIB. III, TIT. XXIII.

De emptione et venditione.

Erant in jure Romano quatuor modi contrahendi.

Contrahebatur aut re, aut verbis, aut litteris, aut consensu.

Consensus semper necessarius erat; sed alii contractus solo consensu fieri poterant; aliis opus erat, ultra consensum, aut traditione rei, aut verbis, aut litteris.

1856

Omnes contractus qui solo consensu fiebant bonæ fidei erant.

Inter eos emptio et venditio erant.

Ille contractus emptorem cogebat ut pretium daret, venditorem ut rem venditam traderet.

Loquamur nunc separatim de consensu, de pretio, de re venditâ.

1° *De consensu.*

Codex de consensu dicit : « Emptionem et venditionem consensum desiderare, nec furiosi ullum esse consensum manifestum est.

Intermissionis autem tempore, furiosos majores viginti quinque annis venditiones et alios quoslibet contractus posse facere non ambigitur. »

2° *De pretio.*

Si pretium non constitutum erat, nulla erat venditio.

Secundùm Sabinum et Cassium pretium poterat in ceteris rebus quàm in numeratâ pecuniâ consistere. Secundùm Proculum, et Justinianus ejus sententiam probavit, pretium in numeratâ pecuniâ necessarium erat, quia, cùm in ceteris rebus consistebat, contractus permutatio erat, non autem emptio et venditio.

Certum debebat esse pretium. Diù de hâc questione certatum est, sive constat venditio sive non; si inter aliquos ita convenerit, ut quanti Titius rem æstimaverit, tanti sit empta. Hanc controversiam sic diremit Justinianus. Si Titius pretium definierit, valebit venditio; si pretium non definierit, nulla erit venditio.

Controversa fuit quoque hæc questio, sive constat venditio sive non, cùm pretium minus est. Sic imperatoribus Diocletiano et Maximiano responsum fuit venditori qui rescissionem venditionis rogabat quia minus erat pretium : « Si rem majoris pretii, si tu vel pater tuus minoris distraxeris, humanum est ut vel pretium te restituente emptoribus fundum venundatum recipias, auctoritate judicis intercedente; et si emptor elegerit, quod deest justo pretio recipias. Minus autem pretium esse videtur, si nec dimidia pars veri pretii soluta sit. »

Valebat emptio quamvis nondum pretium numeratum esset, ac ne arrhæ quidem datæ fuissent.

3° *De re venditâ.*

Nulla erat venditio si res vendita ante venditionem perierat.

Nulla erat quoque si emptor sciens emerat loca sacra vel religiosa ; item si loca publica, veluti forum, basilicam, sciens emerat.

Si emptor hæc loca emerat, credens illa esse privata et profana, actionem ex empto habebat.

Tunc loci venditi traditionem a venditore non obtinebat certè, sed indemnitatem consentaneam damno illato rescissione venditionis. Idem jus erat si hominem liberum pro servo emerat.

De venditionis justæ effectibus nunc pauca dicamus. Venditione emptor dominium rei venditæ non habebat. Illud dominium traditione obtinebat. Venditio ei dabat actionem ex empto quâ cogebat venditorem ut rem venditam traderet.

Si emptor pretium constitutum non solveret, venditor actionem ex vendito habebat. Illâ actione cogebat emptorem ut pretium solveret.

Breviter ex emptione et venditione nascebantur duæ actiones : actio ex empto quâ emptor cogebat venditorem ut rem venditam traderet, actio ex vendito quâ venditor pretium constitutum obtinebat.

Quamvis emptor rei venditæ dominus non esset ante traditionem, periculum hujus rei ad illum pertinebat inter contractum et traditionem.

Itaque si res vendita periret aut detrimentum pateretur, idem pretium debebatur. Aliter tamen contrahentibus conveniri poterat.

Debitum pretium majus non erat si res vendita augebatur, quia, ait Justinianus, commodum ejus esse debet cujus periculum est.

Citabimus, inter casus quibus res vendita augeri poterat, agri amplificationem alluvione.

Cæterùm venditiones fieri poterant in alio loco quàm in quo possessiones constitutæ erant.

Emptio tam sub conditione quam purè contrahi poterat.

Nulla erat tamen emptio si ex conditione emptor venditorve poterat rumpere contractum, nullis hoc jure circumscripto terminis.

CODE NAPOLÉON.

De la prescription.

(2260-2284)

La prescription est définie par le Code, un moyen d'acquérir ou de se libérer par un certain laps de temps et sous les conditions déterminées par la loi.

Cette définition, qui offre la prescription sous son aspect le plus odieux, nous paraît inexacte.

D'après cette définition, en effet, la prescription serait une cause d'acquisition ou de libération, ce qui, vrai dans certains cas, est faux dans d'autres. Il peut arriver, par exemple, que le légitime propriétaire d'un immeuble ait perdu ses titres de propriété, mais ait possédé cet immeuble pendant le laps de temps et sous les autres conditions déterminées par la loi pour prescrire. S'il est attaqué dans sa qualité de propriétaire, il ne pourra se défendre qu'au moyen de la proscription.

Or, dans ce cas, la prescription ne le rend pas propriétaire, puisqu'il l'est déjà, elle fait seulement présumer que, puisqu'il a possédé pendant un certain laps, de temps paisiblement, publiquement, sans interruption, d'une manière continue et non équivoque, et à titre de propriétaire, il est réellement propriétaire.

Je suppose encore qu'un débiteur se soit libéré d'une dette et ait pris quittance. Si trente ans après le jour de l'échéance de la dette, son créancier le poursuit en paiement de la dite dette, comment le débiteur établirait-il sa libération? En présentant la quittance qui le libère ; mais, s'il a perdu cette quittance, il ne pourra plus se défendre qu'en opposant la prescription au demandeur. Or, dans ce cas, la prescription ne le libère pas. Elle fait seulement présumer que, puisque le créancier a passé trente ans sans exiger de paiement, ce paiement a été fait.

Nous définirons donc la prescription : la présomption légale d'une cause légitime d'acquisition ou de libération, présomption établie par un certain laps de temps et sous les autres conditions déterminées par la loi.

Nous voyons, d'après cette définition, qu'il y a deux espèces de prescriptions, la prescription acquisitive et la prescription libératoire.

Nous devons rechercher maintenant quelles sont les conditions exigées par la loi pour qu'il y ait présomption légale d'une cause légitime d'acquisition ou de libération.

Deux conditions sont indispensables pour la prescription acquisitive : la possession et le laps de temps.

Deux le sont aussi pour la prescription libératoire : l'inaction du créancier et le laps de temps.

Notre question portant seulement sur le laps de temps, nous ne nous occuperons pas des caractères que doit réunir la possession pour donner lieu à la prescription.

Nous ne nous occuperons pas non plus des causes qui peuvent annihiler l'inaction du créancier.

CHAPITRE V.

Du temps requis pour prescrire.

Section I.

Dispositions générales.

La prescription se compte par jours et non par heures.

Quelques difficultés se présentent au sujet de cette règle générale. On peut se demander en effet si l'on doit compter ou rejeter le jour qui sert de point de départ à la prescription et celui du terme.

Pour ce qui est du jour du terme, l'article 2261 nous dit qu'il doit être rejeté.

Quant au jour qui sert de point de départ à la prescription, le code n'en parle pas. C'est donc sur ce point que peut exister la controverse.

D'après Merlin, ce jour doit être compté en entier. M. Duranton le compte lorsqu'il s'agit d'une prescription acquisitive et le rejette lorsqu'il s'agit d'une prescription libératoire. Quant à nous, nous croyons qu'il doit toujours être rejeté.

Il serait absurde, en effet, que la prescription commençât avant la possession de l'immeuble ou l'existence de la dette; et c'est ce qui arriverait si l'on comptait ce jour.

D'ailleurs, notre ancien Droit, après de vives controverses, finit par le rejeter, comme nous le prouvent certaines coutumes, soit en s'en expliquant formellement, soit en ajoutant un jour au temps exigé pour la prescription. Or, comme nous ne trouvons dans le Code rien de contraire à cette jurisprudence, il n'est pas probable qu'il l'ait abandonnée.

Section II.

De la prescription trentenaire.

Toutes les actions, tant réelles que personnelles, se prescrivent par trente ans, dit l'art. 2262.

Il faut compléter cet article en ajoutant...... et sous les autres conditions déterminées par la loi, et ne le considérer ensuite que comme une règle générale sujette à de nombreuses exceptions.

Ces exceptions ont pour cause, tantôt l'objet sur lequel porte la prescription, tantôt des conditions qui, sans être indispensables pour prescrire, abrègent, lorsqu'elles existent, le laps de temps.

Et d'abord il y a des actions qui sont imprescriptibles.

Il en est d'autres qui se prescrivent toujours par moins de trente ans, d'autres enfin qui se prescrivent, suivant les circonstances, par trente ans ou moins de trente ans.

Les prescriptions, considérées dans leur durée, ont été classées par la doctrine en deux catégories : les longues et les petites :

Les longues prescriptions sont celles qui exigent plus de cinq ans pour s'accomplir. Les petites sont celles qui s'accomplissent par cinq ans ou par un laps de temps moins long.

Les longues prescriptions sont de trente ans, vingt ans ou dix ans.

Il est inutile de rechercher dans quels cas la prescription est de trente ans, puisque nous voyons par la règle générale, écrite à l'art. 2262, que ce laps de temps est exigé toutes les fois qu'un texte de loi ne l'abrège pas.

Nous devons dire encore, pour compléter les règles générales relatives au laps de temps, qu'en vertu de l'article 2263, le créancier ou ses ayant-cause peuvent, après vingt-huit ans de la date du dernier titre, contraindre le débiteur d'une rente à fournir à ses frais un nouveau titre.

Cette obligation à laquelle la loi soumet le débiteur est très juste. Sans elle en effet le créancier n'aurait aucun moyen d'éviter la prescription de sa créance, puisque, les quittances des arrérages étant entre les mains du débiteur, celui-ci pourrait dire après trente ans, écoulés depuis la date du dernier titre, qu'il n'a jamais payé les intérêts et que par conséquent sa dette est prescrite, le créancier étant resté dans l'inaction pendant trente ans.

Nous allons nous occuper maintenant des prescriptions par dix et vingt ans et des petites prescriptions dont parle le titre 20 du Code civil, en fesant observer que celles mentionnées ailleurs que dans ce titre sont régies par les règles générales de la prescription, tempérées par les règles générales qui ont été créées pour elles.

Section III.

De la prescription par dix et vingt ans.

Nous examinerons d'abord quelles sont les conditions particulières exigées par la loi pour donner lieu à la prescription acquisitive de dix et vingt ans.

Nous parlerons ensuite des prescriptions libératoires qui s'accomplissent par dix ans ; car il n'y a pas de prescription libératoire de vingt ans.

§ Ier. — *Des prescriptions acquisitives de dix et vingt ans.*

Nous diviserons ce paragraphe en deux parties. Nous examinerons, dans la première, quelles sont les conditions exigées par la loi pour que la prescription acquisitive s'accomplisse par dix ou vingt ans. Nous dirons dans la deuxième, quand est-ce qu'elle s'accomplit par dix ans, quand est-ce qu'elle est de vingt ans.

Première partie : Quelles sont les conditions exigées par la loi pour que la prescription acquisitive s'accomplisse par dix ou vingt ans.

Ces conditions sont les suivantes : bonne foi et juste titre.

En d'autres termes, le possesseur d'un objet prescriptible n'acquiert la propriété de cet objet, au bout de dix ou vingt ans ou plutôt de dix à vingt ans, contrairement à la règle générale qui fixe la durée de la prescription à trente ans, qu'autant qu'il est de bonne foi et que sa possession repose sur un juste titre.

Quelques difficultés peuvent se présenter à ce sujet.

On peut se demander en effet :

1° Si la bonne foi doit exister pendant tout le temps ou seulement au premier moment de la possession ;

2° Si le possesseur doit prouver sa bonne foi ou s'il doit être présumé de bonne foi jusqu'à preuve contraire ;

3° Ce que la loi entend par juste titre.

Le Code répond catégoriquement aux deux premières questions dans les art. 2268 et 2269 qui nous apprennent qu'il suffit que la bonne foi existe au premier moment de la possession et qu'elle doit être présumée jusqu'à preuve contraire.

Quant à la troisième question relative au sens qu'on doit attacher à ces mots : juste titre, nous y répondrons en disant qu'il y a juste titre toutes les fois qu'on possède en vertu d'un titre tel qu'il serait translatif de propriété s'il émanait du véritable propriétaire.

Deuxième partie. Quand est-ce que la prescription acquisitive est de dix ans ? quand est-ce qu'elle est de vingt ans ?

Nous lisons dans l'art. 2265 *in fine* qu'elle est de dix ans si le véritable propriétaire habite dans le ressort de la Cour impériale dans l'étendue de laquelle est situé l'immeuble, et de vingt ans s'il est domicilié hors du dit ressort.

Pas de difficulté si le véritable propriétaire a son domicile et sa résidence dans le ressort ou hors du ressort de la Cour impériale, dans l'étendue de laquelle est situé l'immeuble à prescrire. Mais que faudra-t-il décider s'il a son domicile dans le ressort et sa résidence hors du ressort ou *vice versâ* ?

En d'autres termes faut-il s'attacher au domicile ou à la résidence du véritable propriétaire ?

Nous ne trouvons rien dans la lettre du Code qui puisse éclairer cette question. L'art. 2265 emploie les deux termes : habitation et domicile.

Aussi les auteurs diffèrent-ils d'opinion à ce sujet. D'après les uns, on doit s'attacher au domicile, d'après les autres à la résidence.

Quant à nous, nous adoptons l'opinion de ces derniers, et en voici le motif. L'intention du législateur a été, en divisant les prescriptions qui nous occupent en prescriptions de dix ans, et prescriptions de vingt ans, de baser la plus ou moins courte durée de ces prescriptions sur le plus ou moins de facilité qu'a le propriétaire de découvrir l'envahissement de sa chose. Or, la résidence dans le ressort le met à même de connaître cet envahissement bien mieux que le domicile.

S'il habite tantôt dans le ressort tantôt hors du ressort, s'il est en un mot tantôt présent tantôt absent, il faut, pour compléter la prescription, ajouter aux années de présence un nombre d'années d'absence double de celui qui manque pour former les dix ans de présence.

Les prescriptions qui nous occupent devraient donc être nommées prescriptions de dix à vingt ans, au lieu de prescriptions de dix et vingt ans.

§ 2. — *Des prescriptions libératoires de dix ans.*

Il y a trois cas dans lesquels la prescription libératoire est de dix ans. Ces cas sont relatés dans les art. 475, 1304 et 2270. Nous ne dirons rien des deux premiers, puisqu'ils ne sont pas écrits dans notre titre.

Quant au troisième, comme il n'offre pas de difficulté, nous nous contenterons de la lettre du Code ainsi conçue : « Après dix ans, l'architecte et les entrepreneurs sont déchargés de la garantie des gros ouvrages qu'ils ont faits ou dirigés. »

Section IV.

. De quelques prescriptions particulières.

Nous nous sommes occupés jusqu'ici des longues prescriptions.
Nous avons maintenant à nous occuper des petites.

Les petites prescriptions sont toutes libératoires. Elles sont soumises, comme les longues prescriptions libératoires, à l'inaction du créancier et au laps de temps.

Nous devons dire, avant de nous occuper du laps de temps, que contrairement à la règle générale les petites prescriptions courent con tre les mineurs et les interdits, sauf leur recours contre leurs tuteurs.

Considérées dans leur durée, les petites prescriptions peuvent être rangées en quatre classes : celles de six mois, celles d'un an, celles de deux ans et celles de cinq ans.

§ 1. — *De la prescription de six mois.*

L'article 2271 porte : « L'action des maîtres et instituteurs des sciences et arts, pour les leçons qu'ils donnent au mois ;

Celle des hôteliers et traiteurs, à raison du logement et de la nourriture qu'ils fournissent ;

Celle des ouvriers et gens de travail, pour le paiement de leurs journées, fournitures et salaires, se prescrivent par six mois. »

§ 2. — *De la prescription d'un an.*

Nous lisons dans l'article 2272 : « L'action des médecins, chirurgiens et apothicaires, pour leurs visites, opérations et médicaments ;

Celle des huissiers, pour le salaire des actes qu'ils signifient et des commissions qu'ils exécutent ;

Celle des marchands, pour les marchandises qu'ils vendent aux particuliers non marchands ;

Celle des maîtres de pension, pour le prix de la pension de leurs élèves ; et des autres maîtres pour le prix de l'apprentissage ;

Celle des domestiques qui se louent à l'année, pour le paiement de leur salaire, se prescrivent par un an. »

§ 3. — *De la prescription de deux ans.*

L'action des avoués, pour le paiement de leurs frais et salaires , se prescrit par deux ans à compter du jugement des procès, ou de la conciliation des parties, ou depuis la révocation desdits avoués.

Nous devons remarquer, avant d'aller plus loin , que dans tous les cas que nous venons d'énoncer la prescription a lieu, quoiqu'il y ait eu continuation de fournitures, livraisons, services et travaux.

Elle ne cesse de courir que lorsqu'il y a eu compte arrêté, cédule ou obligation, ou citation en justice non périmée.

En d'autres termes, la prescription de six mois , un an ou deux ans court contre toutes les personnes que nous avons désignées dans les § 1, 2 et 3, quoiqu'elles ne discontinuent pas de prêter le secours de leur profession à leur débiteur. Mais elle est interrompue et changée en prescription trentenaire s'il y a eu compte arrêté, reconnaissance de la dette par acte sous seing privé ou notarié, ou citation en justice non périmée.

La citation en justice est considérée comme non avenue si le créancier la laisse périmer.

Remarquons encore que lorsqu'on oppose au créancier la prescription de six mois, un an ou deux ans, il peut déférer le serment à son débiteur ; et si le débiteur est mort, le serment peut être déféré à sa veuve, à ses héritiers majeurs ou aux tuteurs de ses héritiers mineurs.

Le débiteur doit jurer que la dette a été payée ; sa veuve, ses héritiers ou leurs tuteurs doivent jurer qu'ils n'ont pas connaissance de la dette.

Outre l'action des avoués pour le paiement de leurs frais et salaires, il y a une autre action qui se prescrit par deux ans. L'article 2276 nous apprend en effet que les huissiers, après deux ans depuis l'exécution de la commission, ou la signification des actes dont ils étaient chargés, sont déchargés des pièces qui leur avaient été confiées.

Les deux remarques que nous venons de faire ne s'appliquent pas à ce cas.

§ 4. — *De la prescription de cinq ans.*

Tout ce qui est payable par année ou à des termes périodiques plus courts se prescrit par cinq ans, dit l'art. 2277 *in fine.*

Tous les cas que notre titre mentionne comme donnant lieu à la prescription de cinq ans sont compris dans cette règle générale, à l'exception de deux.

Il nous suffira de mentionner ces deux cas pour compléter ce que nous avons à dire sur la prescription de cinq ans.

1er *cas.* A l'égard des affaires non terminées, les avoués ne peuvent former de demandes pour leurs frais et salaires qui remonteraient à plus de cinq ans, à moins qu'il y ait eu compte arrêté, cédule ou obligation, ou citation en justice non périmée.

Ils peuvent seulement déférer le serment au débiteur qui refuse de les payer sous prétexte que la dette est prescrite.

2e *cas.* Les juges et avoués sont déchargés des pièces cinq ans après le jugement du procès.

§ 5. — *De la règle : en fait de meubles la possession vaut titre.*

Il est certains objets mobiliers qu'on a l'habitude d'acheter sans passer de contrat.

Il n'y a donc pas pour ces objets des titres de propriété. Aussi serait-il très difficile de prouver qu'on les possède en vertu d'une cause légitime d'acquisition et que la personne de qui on les tient en était le véritable propriétaire.

Cette preuve occasionnerait d'ailleurs de nombreux procès dont les frais seraient presque toujours supérieurs à la valeur de l'objet du litige.

C'est pour ces motifs que le législateur a décidé que la possession de ces objets, si elle n'était pas précaire, tiendrait lieu d'une cause légitime d'acquisition, ce qu'il a exprimé en disant : en fait de meubles la possession vaut titre.

Il eût mieux fait de dire : en fait de meubles corporels et individuels la possession vaut titre.

Cette règle ne s'applique en effet qu'aux meubles dont la transmission d'une personne à une autre n'est pas constatée par des écrits. Or, comme les meubles incorporels et les universalités des meubles soit incorporels soit corporels ne se trouvent pas dans ce cas, leurs possesseurs ne jouissent pas du bénéfice de notre règle.

Remarquons qu'il ne serait pas juste que celui qui a perdu ou auquel il a été volé un meuble corporel et individuel n'eût aucun moyen de le faire rentrer en sa possession.

Aussi voyons-nous, en combinant entr'eux les articles 2279 et 2280, qu'il peut le revendiquer pendant trois ans à partir de la perte ou du vol contre celui entre les mains duquel il le trouve.

Si ce dernier a acheté l'immeuble en question dans une foire ou dans un marché, ou dans une vente publique, ou d'un marchand vendant des choses pareilles, le véritable propriétaire devra lui rembourser le prix qu'il lui a coûté.

Dans le cas contraire le véritable propriétaire n'aura rien à rembourser au possesseur. Il ne restera à celui-ci que son recours contre son vendeur.

§ 6. *Dispositions transitoires.*

Nous lisons dans l'article 2281 : « Les prescriptions commencées à l'époque de la publication du présent titre seront réglées conformément aux lois anciennes.

Néanmoins les prescriptions alors commencées, et pour lesquelles il faudrait encore, suivant les anciennes lois, plus de trente ans à compter de la même époque, seront accomplies par ce laps de trente ans. »

PROCÉDURE CIVILE.

LIVRE II, TITRE IX.

Des exceptions.

§ 4. — *Des exceptions dilatoires.*

Les exceptions peuvent être définies : des moyens préjudiciels que le défendeur peut invoquer pour se dispenser de répondre immédiatement à l'objet de la demande.

Les exceptions sont divisées, dans le Code de procédure civile, en cinq catégories qui font le sujet d'autant de paragraphes.

La caution à fournir par les étrangers est traitée dans le premier paragraphe. Les renvois le sont dans le second; les nullités dans le troisième; les exceptions dilatoires dans le quatrième. Le cinquième enfin trace les règles relatives à la communication des pièces.

Nous allons examiner séparément ces cinq paragraphes, mais comme le quatrième fait particulièrement l'objet de notre question, nous ne nous étendrons longuement que sur celui-là.

§ 1. *De la caution à fournir par les étrangers.*

Cette caution, désignée d'ordinaire sous le nom de caution *judicatum solvi*, doit être fournie par les étrangers demandeurs, si le défendeur le requiert avant toute exception.

En d'autres termes, lorsqu'un Français est cité en justice par un étranger, ce dernier est tenu, si le Français le requiert avant toute exception, de fournir caution de payer les frais et les dommages-intérêts auxquels il pourrait être condamné.

La somme jusqu'à concurrence de laquelle la caution doit être fournie est fixée par le jugement qui ordonne ladite caution.

L'étranger demandeur peut du reste se dispenser de fournir caution en consignant la somme qui a été fixée, ou en justifiant qu'il possède en France des immeubles d'une valeur suffisante pour répondre de cette somme.

L'étranger qui intervient spontanément dans un procès est, quant à la caution *judicatum solvi*, absolument dans le même cas que l'étranger demandeur. Tout ce que nous venons de dire relativement à cè dernier, doit, par conséquent, lui être appliqué.

§ 2. — *Des renvois*

Lorsqu'une contestation est portée devant un tribunal, autre que celui qui devrait en connaître, le défendeur peut demander le renvoi de l'affaire devant les juges compétents.

Il faut distinguer si l'incompétence est *ratione personnæ* ou *ratione materiæ*. Dans le premier cas, la demande en renvoi n'est recevable qu'autant qu'elle est formée avant toutes autres exceptions ou défenses. Dans le second, au contraire, elle peut être formée en tout état de cause, et si elle ne l'est pas les juges doivent renvoyer d'office devant qui de droit.

Le renvoi peut encore être demandé dans le cas de litispendance ainsi que dans celui de| connexité.

Il y a litispendance toutes les fois que le procès est pendant en même temps devant plusieurs tribunaux.

Il y a connexité lorsqu'un procès pendant devant un tribunal, sans être absolument le même que celui sur lequel un autre tribunal a à statuer, est pourtant subordonné à la décision de ce dernier.

Le Code ne fixant pas le moment où doit être formée la demande en renvoi pour cause de litispendance ou de connexité, nous ne la croyons. pas irrecevable par le seul fait qu'elle aura été précédée de quelques défenses.

Quant à la manière dont les demandes en renvoi doivent être instruites et jugées, l'art. 172 porte : « Toute demande en renvoi sera jugée sommairement, sans qu'elle puisse être réservée ni jointe au principal. »

Les renvois sont généralement désignés sous le nom d'exceptions déclinatoires.

§ III. — *Des nullités.*

Ce troisième paragraphe ne contient qu'un article. C'est l'art. 173, ainsi conçu : « Toute nullité d'exploit et d'acte de procédure est couverte si elle n'est proposée avant toute défense ou exception autre que les exceptions d'incompétence. »

Toutes les autres nullités sont donc opposables en tout état de cause.

Nous devons, avant d'aller plus loin, éclaircir une difficulté qui résulte de la comparaison des art. 166, 169 et 173.

D'après l'art. 166, la caution *judicatum solvi* doit être demandée avant toute autre exception.

D'après l'art. 169, la demande en renvoi pour cause d'incompétence *ratione personnæ*, doit être formée avant toute autre exception.

D'après l'art. 173 enfin, les nullités d'exploit et d'actes de procédure doivent être proposées avant toute exception autre que les exceptions d'incompétence.

Nous avons à rechercher, par conséquent, si la caution *judicatum solvi* doit être demandée après ou avant les exceptions d'incompétence et de nullité.

D'après certains auteurs, les exceptions d'incompétence et de nullité doivent être proposées les premières, parce qu'il est naturel d'examiner d'abord si le juge est compétent et s'il a été saisi régulièrement.

D'après d'autres, la caution *judicatum solvi* doit être demandée d'abord. Ces derniers auteurs soutiennent leur opinion en disant que l'ordre dans lequel les exceptions doivent être proposées est établi par l'ordre dans lequel elles sont traitées dans le Code, et que, par conséquent, l'exception *judicatum solvi*, qui est traitée dans le § 1, doit être proposée la première.

Quant à nous, nous croyons que ces exceptions ne se couvrent pas l'une par l'autre ; qu'en d'autres termes, la demande de la caution n'empêche pas d'opposer ensuite les exceptions d'incompétence et de nullité, et qu'après avoir proposé ces dernières, le défendeur est recevable à demander la caution *judicatum solvi*.

Il est inutile de dire que l'exception de nullité couvre celle d'incompétence.

§ IV. — *Des exceptions dilatoires.*

Les exceptions, d'après la définition que nous en avons donnée, tendent toutes à obtenir un délai ; mais certaines d'entre elles, celles que nous venons d'examiner par exemple, n'arrivent qu'indirectement à ce résultat. Il en est d'autres au contraire dont l'objet immédiat est l'obtention d'un délai. Ce sont ces dernières qui portent le nom d'exceptions dilatoires.

Nous diviserons ce paragraphe en trois parties. La première partie sera consacrée à l'exception pour faire inventaire et délibérer, la seconde à l'exception de garantie. Nous étudierons, dans la troisième, dans quel ordre les exceptions dilatoires doivent être proposées.

1° *Du délai pour faire inventaire et délibérer.*

Le Code civil nous enseigne que l'héritier a trois mois, à compter de l'ouverture de la succession, pour faire l'inventaire de cette succession et quarante jours pour délibérer sur son acceptation ou sa renonciation. Les quarante jours pour délibérer commencent le jour de l'expiration des trois mois pour faire inventaire, ou le jour de la clôture de l'inventaire, s'il a été terminé avant les trois mois.

La veuve, la femme séparée de corps et de biens ou de biens seulement, ont les mêmes délais pour faire inventaire et délibérer sur leur acceptation ou leur renonciation à la communauté. Les délais courent du jour de la dissolution de la communauté.

Le délai pour faire inventaire peut être prorogé s'il est prouvé qu'il n'a pas été suffisant.

Lorsque le défendeur se trouve dans une des positions dont nous venons de parler, il peut ne répondre à la demande qu'après l'expiration des délais. C'est ce que nous enseigne l'art. 174 du Code de procédure ainsi conçu : « L'héritier, la veuve, la femme divorcée ou séparée de biens, assignée comme commune, auront trois mois du jour de l'ouverture de la succession ou dissolution de la communauté pour faire inventaire, et quarante jours pour délibérer ; si l'inventaire a été fait avant les trois mois, le délai de quarante jours commencera du jour qu'il aura été parachevé.

S'ils justifient que l'inventaire n'a pu être fait dans les trois mois, il leur sera accordé un délai convenable pour le faire et quarante jours pour délibérer, ce qui sera réglé sommairement. — L'héritier conserve néanmoins, après l'expiration des délais ci-dessus accordés, la faculté de faire encore inventaire et de se porter héritier bénéficiaire, s'il n'a pas fait d'ailleurs acte d'héritier, ou s'il n'existe pas contre lui de jugement passé en force de chose jugée qui le condamne en qualité d'héritier pur et simple. »

Remarquons, au sujet de la dernière partie de cet article, que lorsque l'habile à succéder est condamné comme héritier pur et simple, cette condamnation ne profite qu'à ses adversaires qui ont figuré dans le jugement, quoique certains auteurs prétendent qu'elle doit profiter à toutes les personnes intéressées, quand même elles n'auraient pas paru dans le procès.

2° *De la garantie.*

Le défendeur, lorsqu'il prétend avoir droit d'appeler en garantie, doit le faire dans les huit jours à compter de la demande originaire, outre un jour par trois myriamètres.

La distance doit être calculée entre le domicile du garant et celui du garanti.

Si le défendeur exerce son recours contre plusieurs garants intéressés, en la même garantie, tous les garants doivent être assignés dans le délai que nous venons d'indiquer.

On doit s'attacher, dans ce cas, à la distance qui sépare le domicile du garanti de celui du garant le plus éloigné.

Si le garant prétend avoir droit d'appeler un sous-garant, il doit le faire dans les délais ci-dessus à compter du jour de la demande en garantie formée contre lui.

Même observation pour le sous-garant qui voudrait appeler à son tour un sous-garant, et ainsi de suite.

Les délais ne peuvent pas être augmentés sous prétexte de minorité ou autre cause privilégiée.

Remarquons, du reste, que le seul effet de l'expiration des délais est d'autoriser le demandeur à poursuivre immédiatement sa demande.

Si les délais des assignations en garantie n'expirent qu'après celui de la demande originaire, il ne pourra pas être pris de défaut contre le défendeur, pourvu qu'il ait déclaré, avant l'expiration de ce dernier délai, par acte d'avoué à avoué, qu'il a formé la demande en garantie. Si cette déclaration est plus tard reconnue fausse, non seulement le demandeur pourra passer outre, mais encore le défendeur pourra être condamné à des dommages-intérêts.

Nous avons dit, au commencement de ce paragraphe, que les délais pour appeler garant courent à partir de la demande originaire. Quelquefois pourtant il n'en est pas ainsi. Nous lisons, en effet, dans l'art. 177 : « Si néanmoins le défendeur originaire est assigné dans les délais pour faire inventaire et délibérer, le délai pour appeler garant ne commencera que du jour où ceux pour faire inventaire et délibérer seront expirés. »

Il peut arriver, du reste, que le demandeur originaire prétende qu'il n'y a pas lieu d'appeler garant, et que par conséquent le procès doit être poursuivi sans retard. Cet incident sera jugé sommairement.

« Ceux qui seront assignés en garantie, dit l'art. 181, seront tenus de procéder devant le tribunal où la demande originaire sera pendante, encore qu'ils dénient être garants ; mais s'il paraît par écrit, ou par l'évidence du fait, que la demande originaire n'a été formée que pour les traduire hors de leur tribunal, ils y seront renvoyés. »

Les dispositions de cet article, qui dérogent aux règles générales, ont pour but la promptitude de la décision et l'économie des frais.

Voyons maintenant quel est le rôle assigné au garant dans le cours du procès. Ce rôle change, suivant qu'il s'agit d'une garantie formelle ou d'une garantie simple.

Occupons-nous d'abord de la garantie formelle. Nous lisons à ce sujet dans l'art. 182 : « En garantie formelle, pour les matières réelles ou hypothécaires, le garant pourra toujours prendre le fait et cause du garanti qui sera mis hors de cause, s'il le requiert, avant le premier jugement. Cependant le garanti, quoique mis hors de cause, pourra y assister pour la conservation de ses droits, et le demandeur originaire pourra demander qu'il y reste pour la conservation des siens. » Un exemple fera parfaitement saisir les dispositions de cet article. Je suppose que Paul m'ait vendu un immeuble. Si Pierre, avec qui je n'ai eu aucun rapport, prétend que cet immeuble lui appartient et m'assigne en délaissement, j'appellerai Paul en garantie. La garantie, dans ce cas, est formelle. Paul pourra prendre alors mon fait et cause, et je pourrai me faire mettre hors de cause. Je pourrai du reste, quoique mis hors de cause, y assister, si je crois que mes intérêts l'exigent, si par exemple je redoute quelque collusion entre Paul et Pierre. Ce dernier pourra aussi demander que j'assiste au procès, ce qui peut lui être utile dans le cas où il voudrait me faire condamner à des dommages-intérêts pour des faits qui me seraient personnels.

En matière de garantie formelle, le jugement rendu contre le garant est toujours exécutoire contre le garanti, quant à la condamnation principale.

Pour ce qui est des condamnations aux frais et aux dommages-intérêts, il faut faire quelques distinctions.

Si le garanti a figuré dans le procès comme défendeur direct, il est passible du paiement des frais et des dommages-intérêts, sauf son recours contre le garant.

Si, sans être défendeur direct, il n'a pourtant pas été mis hors de cause, il n'est passible que des dommages-intérêts résultant de ses faits personnels, et des frais dans le cas où son garant serait insolvable.

S'il a seulement assisté au procès, il ne doit payer que les dommages-intérêts résultant de ses propres faits.

S'il n'a figuré dans l'instance à aucun titre, il n'a à payer ni frais ni dommages-intérêts.

« En garantie simple, dit l'art. 183, le garant pourra seulement intervenir, sans prendre le fait et cause du garanti. »

Il y a lieu à garantie simple lorsque le défendeur, actionné en matière personnelle ou en matière réelle mobilière, prétend être en droit de faire retomber le poids de sa propre obligation sur un tiers.

Nous avons déjà vu que le garant doit procéder devant le tribunal où la demande originaire est pendante. L'art. 184 nous enseigne que les demandes originaire et en garantie doivent être jugées en même temps si elles sont toutes les deux en état, et que dans le cas contraire la demande originaire devra être jugée séparément si le demandeur principal le requiert. Le tribunal pourra prononcer ensuite sur la demande en garantie.

3° *De l'ordre dans lequel les exceptions dilatoires doivent être proposées.*

« Les exceptions dilatoires, dit l'art. 186, seront proposées conjointement et avant toutes défenses au fond. »

L'art. 187 porte de son côté que l'héritier, la veuve et la femme divorcée ou séparée pourront ne proposer leurs exceptions dilatoires qu'après l'échéance des délais pour faire inventaire et délibérer.

Il y a par conséquent d'autres exceptions dilatoires que celles dont nous venons de parler ; mais comme il n'en est pas question dans notre titre, nous ne nous en occuperons pas.

§ 5. — *De la communication des pièces.*

Les pièces produites dans un procès deviennent communes à toutes les parties. Aussi lisons-nous dans l'art. 188 : « Les parties pourront respectivement demander, par un simple acte, communication des pièces employées contre elles , dans les trois jours où lesdites pièces auront été signifiées ou employées. »

Voyons maintenant comment doit être faite la communication des pièces, combien de temps doit durer cette communication, et enfin ce qui doit arriver si elle est refusée.

L'art. 189 nous apprend que la communication doit être faite entre avoués, sur récépissé, ou par dépôt au greffe.

Les art. 190 et 191 répondent à la seconde question. D'après ces articles, le délai de la communication est de trois jours, à moins qu'il ait été différemment fixé par le récépissé de l'avoué, ou par le jugement qui a ordonné ladite communication.

Si, après l'expiration du délai, l'avoué n'a pas remis les pièces, il y sera contraint par une simple ordonnance qui pourra le condamner à payer trois francs de dommages-intérêts pour chaque jour de retard, à partir de la signification de ladite ordonnance.

La troisième question est résolue par l'art. 192, qui nous enseigne qu'en cas d'opposition l'incident doit être réglé sommairement.

DROIT CRIMINEL.

De l'appel en matière correctionnelle.

(199-215).

Pour embrasser notre sujet d'une manière complète, nous devons examiner successivement ;

1° Quels sont les jugements, rendus par les tribunaux correctionnels, qui sont susceptibles d'appel ;

2° Quelles sont les personnes qui peuvent appeler ;

3° Quels sont les tribunaux qui doivent connaître de l'appel ;

4° Dans quel délai et dans quelles formes doit être interjeté l'appel ;

5° Comment il doit être instruit et jugé ;

6° Quels sont ses effets ;

7° Dans quels cas la sentence rendue sur l'appel est sujette à opposition, et quels sont les délais et les formes de cette opposition ;

8° Enfin, ce que doit faire le tribunal d'appel, lorsqu'il a annulé la sentence rendue en première instance.

Ces huit questions feront le sujet d'autant de paragraphes.

§ 1. — *Quels sont les jugements, rendus par les tribunaux correctionnels, qui sont susceptibles d'appel?*

Toutes les fois qu'un jugement rendu par un tribunal correctionnel porte sur un délit ou sur un crime, il peut être attaqué par la voie de l'appel. Il ne peut porter sur un crime que lorsque le tribunal s'est déclaré mal à propos compétent.

S'il porte sur une contravention, l'appel est interdit. C'est ce que nous enseigne l'article 192 ainsi conçu : « Si le fait n'est qu'une contravention de police, et si la partie publique ou la partie civile n'a pas demandé le renvoi, le tribunal appliquera la peine, et statuera, s'il y a lieu, sur les dommages-intérêts. — Dans ce cas son jugement sera en dernier ressort. »

§ 2. — *Quelles sont les personnes qui peuvent appeler?*

Nous lisons à ce sujet dans l'article 202 : « La faculté d'appeler appartiendra : 1° aux parties prévenues ou responsables ; 2° à la partie civile, quant à ses intérêts civils seulement ; 3° à l'administration forestière ; 4° au procureur impérial près le tribunal de première instance, lequel, dans le cas où il n'appellerait pas, sera tenu, dans le délai de quinzaine, d'adresser un extrait du jugement au magistrat du ministère public près le tribunal ou la cour qui doit connaître de l'appel ; 5° au ministère public près le tribunal ou la cour qui doit prononcer sur l'appel. »

Les mineurs étant représentés par leur père, et à défaut du père par leur tuteur, le droit d'appeler appartient au père ou au tuteur si le prévenu est mineur.

Quant aux personnes responsables, telles que les maîtres ou instituteurs, elles ne peuvent appeler que pour leurs intérêts civils, puisqu'elles ne peuvent être poursuivies que sur ce point.

§ 3. — *Quels sont les tribunaux qui doivent connaître de l'appel?*

Nous diviserons ce paragraphe en deux parties. Nous examinerons dans la première devant qui doivent être portés les appels des jugements rendus par les tribunaux d'arrondissement. Nous verrons dans la seconde qui doit connaître des appels des jugements rendus par les tribunaux siégeant dans un chef-lieu de département.

1° Appels des jugements rendus par un tribunal d'arrondissement.— Lorsque le jugement dont on veut appeler a été rendu par un tribunal d'arrondissement, l'appel doit être porté au tribunal du chef-lieu du département, à moins qu'il y ait dans ce département un siége de cour impériale, auquel cas l'appel doit être porté à ladite cour.

2° Appels des jugements rendus par un tribunal de chef-lieu de département. — Si le jugement a été rendu par un tribunal siégeant dans un chef-lieu de département, l'appel doit être porté au tribunal du chef-lieu du département voisin, lorsque les deux tribunaux sont dans le ressort de la même cour impériale et que le siége de ladite cour est plus éloigné du tribunal qui a jugé l'affaire en première instance que ne l'est le chef-lieu du département voisin, les tribunaux ne pouvant d'ailleurs dans aucun cas être respectivement juges d'appel de leurs jugements.

En d'autres termes, en matière correctionnelle, pour qu'un tribunal de chef-lieu de département connaisse en appel d'une affaire qui a été jugée en première instance par un autre tribunal de chef-lieu, il doit réunir trois conditions :

1° Il doit être situé dans le même ressort de cour impériale que celui qui a jugé en première instance.

2° Il doit être plus rapproché de ce dernier que ne l'est le siége de la cour impériale.

3° Enfin, les affaires dont il connaît en première instance ne doivent pas être jugées en appel par l'autre tribunal.

Toutes les fois que ces trois conditions ne sont pas réunies, l'appel doit être porté devant la cour impériale.

Un décret du 18 août 1810 désigne les tribunaux qui réunissent ces trois conditions.

Ce sont : Le tribunal d'Angoulême à l'égard de celui de Périgueux ;
Celui de Carcassonne à l'égard de celui de Perpignan ;
Celui de Blois à l'égard de celui de Tours ;
Celui de Versailles à l'égard de celui de Chartres ;
Celui de Troyes à l'égard de celui d'Auxerre ;
Celui de Niort à l'égard de ceux de Saintes et de Bourbon-Vendée ;
Celui de Vannes à l'égard de celui de Quimper.

§ 4. — *Dans quel délai et dans quelles formes doit être interjeté l'appel?*

Le délai et les formes de l'appel diffèrent suivant qu'il est interjeté par le ministère public près le tribunal ou la cour qui doit en connaître, ou par toute autre personne.

Nous examinerons en premier lieu à quelle époque et dans quelles formes l'appel doit être interjeté lorsqu'il est formé par une personne autre que le ministère public près le tribunal ou la cour qui doit en connaître.

Nous nous occuperons ensuite du cas où c'est ledit ministère public qui fait appel.

1er *Cas.* — Nous lisons dans l'article 203 : « Il y aura déchéance de l'appel, si la déclaration d'appeler n'a pas été faite au greffe du tribunal qui a rendu le jugement dix jours au plus tard après celui où il a été prononcé, et, si le jugement est rendu par défaut, dix jours au plus tard après celui de la signification qui en aura été faite à la partie condamnée ou à son domicile, outre un jour par trois myriamètres. »

On voit, d'après la manière dont est rédigée la partie de l'art. 203 que nous venons de citer, qu'on ne doit pas compter comme faisant partie des dix jours pendant lesquels on peut appeler le jour de la prononciation du jugement ou celui de sa signification, mais qu'on doit compter celui de l'échéance.

La plupart des criminalistes prétendent que l'appel des jugements par défaut ne peut être interjeté qu'après l'expiration des délais de l'opposition.

Quant à nous, nous sommes d'une opinion contraire.

2e *cas.* L'art. 205 porte : « Le ministère public près le tribunal ou la Cour qui doit connaître de l'appel, devra notifier son recours, soit au prévenu, soit à la personne civilement responsable du délit, dans les deux mois à compter du jour de la prononciation du jugement, ou, si le jugement lui a été légalement notifié par l'une des parties, dans le mois du jour de cette notification : sinon, il sera déchu. »

L'observation que nous avons faite plus haut, relativement au jour de la prononciation du jugement et à celui de l'échéance, doit être appliquée au cas qui nous occupe.

Remarquons, pour ce qui est de la forme dans laquelle l'appel doit être interjeté, qu'en vertu des art. 203 et 205 déjà cités, la notification de l'appel doit être faite au prévenu ou à la personne civilement responsable du délit, lorsque l'appel est formé par le ministère public près le Tribunal ou la Cour qui doit en connaître, tandis que, s'il est formé par toute autre personne, il doit être déclaré au greffe du Tribunal qui a jugé l'affaire en première instance.

§ 5. — *Comment l'appel doit-il être instruit et jugé ?*

L'appelant peut, pendant le délai de l'appel, présenter une requête indiquant ses moyens.

Cette requête doit être signée ou de l'appelant, ou d'un avoué, ou de tout autre fondé de pouvoir spécial.

Elle sera remise soit au greffe de la Cour ou du Tribunal qui doit prononcer sur l'appel, soit au greffe du Tribunal qui a jugé l'affaire en première instance.

Dans ce dernier cas, le procureur impérial l'enverra, dans les 24 heures après la déclaration ou la remise de la notification de l'appel, à la Cour ou au Tribunal qui doit connaître du dit appel.

Il enverra dans le même délai les autres pièces.

Si le prévenu est en état d'arrestation, il sera, également, dans les 24 heures et par ordre du procureur impérial, transféré dans la maison d'arrêt près la Cour ou le Tribunal qui doit prononcer sur l'appel.

Nous lisons dans l'art. 209 : « L'appel sera jugé à l'audience, dans le mois, sur un rapport fait par l'un des juges. »

Lorsque le rapport a été fait, le ministère public et la partie civile exposent l'affaire ; après quoi vient l'audition des témoins, si elle est jugée utile.

Le prévenu et les personnes responsables présentent ensuite leurs défenses. Lorsque ces défenses ont été présentées, le ministère public résume l'affaire et prend ses conclusions, après quoi la parole appartient à la partie accusée.

Le ministère public et la partie civile peuvent répliquer, mais le prévenu doit toujours être entendu le dernier.

Le jugement vient ensuite. Il doit être prononcé dès l'instant que l'instruction est terminée ou, au plus tard, à l'audience suivante.

En cas de condamnation, il énoncera les faits à raison desquels il condamne, et les peines qu'il prononce, soit pécuniairement, soit corporellement.

Il mentionnera aussi que le président a fait à l'audience la lecture du texte de loi appliqué.

Tout jugement devra condamner la partie, contre laquelle il sera rendu, aux frais, même envers la partie publique.

Les juges qui ont rendu le jugement doivent en signer la minute dans les 24 heures.

Disons enfin, pour compléter le sujet de notre paragraphe, que l'instruction doit être publique, et que le tribunal d'appel doit être composé de cinq juges au moins, le tout à peine de nullité.

§ 6. — *Quels sont les effets de l'appel ?*

Remarquons d'abord que l'appel et le délai de l'appel produisent un effet suspensif.

En d'autres termes, les jugements rendus en première instance ne doivent être exécutés ni dans les dix jours qui suivent celui de leur prononciation, ni pendant l'instance d'appel.

Il suit de là que, si un prévenu en état d'arrestation est acquitté, il ne peut être remis en liberté que dix jours après celui de son acquittement, quand même il n'aura pas été formé d'appel.

Telle a été en effet notre législation jusqu'en 1832. Mais cette règle, ayant paru trop rigoureuse, a été modifiée par une disposition de la loi du 28 avril 1832 ainsi conçue : « la mise en liberté du prévenu ne pourra être suspendue, lorsqu'aucun appel n'aura été déclaré ou notifié dans les trois jours de la prononciation du jugement. »

La règle que nous avons énoncée au commencement de ce paragraphe est sujette à une exception. Cette exception, qui est écrite dans la seconde disposition de l'art. 188, s'applique au cas que voici. Lorsqu'un jugement par défaut est attaqué par la voie de l'opposition et que l'opposant fait encore défaut, le dit opposant ne peut attaquer le jugement rendu sur l'opposition que par la voie de l'appel ; et dans ce cas le tribunal peut accorder une provision qui sera exécutoire nonobstant l'appel.

Il nous reste encore à indiquer, pour compléter ce que nous avons à dire sur les effets de l'appel, quelles sont les personnes à qui il profite.

En thèse générale l'appel ne profite qu'à la partie qui l'a formé. Si cependant c'est le ministère public qui fait appel, la peine du prévenu peut être réduite, à moins que l'appel n'ait été interjeté que pour obtenir une aggravation de peine.

§ 7. — *Dans quels cas la sentence rendue sur l'appel est-elle sujette à opposition ? Quels sont les délais et les formes de cette opposition ?*

Ce paragraphe se divise naturellement en trois parties.

Nous examinerons dans la première dans quels cas la sentence rendue sur l'appel est sujette à opposition. Nous parlerons dans la seconde des délais de l'opposition. Les formes de l'opposition feront le sujet de la troisième.

1° Tous les jugements rendus par défaut, sur l'appel, peuvent être attaqués par la voie de l'opposition.

Il est inutile de dire que l'opposition ne peut être formée que par la partie qui ne s'est pas présentée.

2° Les délais de l'opposition sont de cinq jours, outre un jour par cinq myriamètres, à partir de celui où la signification du jugement par défaut a été faite à la partie absente ou à son domicile.

On ne compte pas dans ces cinq jours celui de la signification, mais on compte celui de l'échéance.

3° L'opposant doit notifier son opposition, dans les délais que nous venons d'indiquer, à toutes les parties intéressées dans l'affaire, lorsqu'il veut attaquer toutes les dispositions du jugement. Mais nous croyons qu'il suffirait que l'opposition fût notifiée à l'une des parties, si l'opposant ne voulait attaquer que les dispositions du jugement qu'il discute contre cette partie.

L'opposition emporte de droit citation à la prochaine audience, et est comme non avenue si l'opposant ne comparaît pas à ladite audience.

L'opposant ne peut attaquer le jugement intervenu sur son opposition que devant la Cour de cassation.

Quant au défendeur à l'opposition, nous croyons qu'il peut former opposition à son tour, puisque la loi ne le lui interdit pas.

§ 8. — *Que doit faire le tribunal d'appel lorsqu'il a annulé la sentence rendue en première instance?*

Tout jugement, rendu en première instance par un tribunal correctionnel, doit être annulé en appel dans quatre cas : 1° lorsque le fait, imputé au prévenu, n'est réputé délit ni contravention de police par aucune loi ; 2° lorsque ce fait ne présente qu'une contravention de police, si le renvoi n'a été demandé ni par la partie publique ni par la partie civile ; 3° lorsque ledit fait est de nature à mériter une peine afflictive ou infamante ; 4° enfin, lorsque quelques formes, prescrites par la loi à peine de nullité, ont été omises ou violées.

Nous devons donc examiner ce que doit faire la cour ou le tribunal d'appel lorsqu'il annule le jugement rendu en première instance dans chacun de ces quatre cas.

1er *cas.* — Nous lisons à ce sujet dans l'art. 212 : « Si le jugement est réformé parce que le fait n'est réputé délit ni contravention de police par aucune loi, la cour ou le tribunal renverra le prévenu, et statuera, s'il y a lieu, sur les dommages-intérêts. »

2° *cas.* L'art. 213 porte : « Si le jugement est annulé parce que le fait ne présente qu'une contravention de police, et si la partie publique et la partie civile n'ont pas demandé le renvoi, la Cour ou le

Tribunal prononcera la peine, et statuera également, s'il y a lieu, sur les dommages-intérêts. »

3e *cas.* Ce cas est régi par l'art. 214 ainsi conçu : « Si le jugement est annulé parce que le délit est de nature à mériter une peine afflictive ou infamante, la Cour ou le tribunal décernera, s'il y a lieu, le mandat de dépôt, ou même le mandat d'arrêt, et renverra le prévenu devant le fonctionnaire public compétent, autre toutefois que celui qui aura rendu le jugement ou fait l'instruction. »

4e *cas.* L'art. 215 s'occupe de ce dernier cas. Il est écrit dans cet article que lorsque la Cour ou le Tribunal d'appel annule le jugement pour violation ou omission non réparée de formes prescrites par la loi sous peine de nullité, la dite Cour ou le dit Tribunal doit statuer sur le fond.

Cette thèse sera soutenue dans une des salles de la Faculté, en séance publique, le 3 avril 1856.

Vu pour M. CHAUVEAU, en vacances :

Président de la thèse,

Le Doyen, DELPECH.

Toulouse. — Imprimerie BONNAL et GIBRAC, rue Saint-Rome, 46.

Typ. de Bonnal et Gibrac, rue St-Rome, 46.

9 782013 473095